CATALOGUE

D'UNE COLLECTION

DE

DESSINS & GRAVURES

Des diverses Écoles, principalement

DE

L'ÉCOLE FRANÇAISE

Portraits et Pièces historiques

PROVENANT DU

CABINET DE M. LE BARON DE P***

DONT LA VENTE AUX ENCHÈRES PUBLIQUES AURA LIEU

HOTEL DES COMMISSAIRES-PRISEURS

RUE DROUOT, N° 5

SALLE N° 3, AU PREMIER ÉTAGE

Les Mardi 22 et Mercredi 23 Avril 1862

A 1 HEURE PRÉCISE

M⁰ **DELBERGUE-CORMONT**, C⁰ʳ⁰-Priseur, rue de Provence, 8,

Assisté de M. **CLEMENT**, M⁰ d'Estampes de la Bibliothèque impériale,

rue des Saints-Pères, 3,

EXPOSITION PUBLIQUE

Le Lundi 21 Avril 1862, de 1 heure à 4 heures.

PARIS

RENOU & MAULDE

IMPRIMEURS DE LA COMPAGNIE DES COMMISSAIRES-PRISEURS

Rue de Rivoli, 144.

—

1862

D. 9

CONDITIONS DE LA VENTE

Elle sera faite au comptant.

Les Adjudicataires paieront CINQ centimes par FRANC en sus des adjudications.

Les numéros pourront être divisés.

ORDRE DES VACATIONS

Mardi 22 Avril.................... N°s 11 à 225
Mercredi 23 Avril...............   226 à 434
                                      1 à 11

DESSINS

1 **Boissieu** (J.-J. de). Femme appuyée. A la sanguine.

2 **Caresme.** Scène champêtre. Fac-simile gravé
en couleur.

3 **École anglaise.** La course. Dessin colorié.

4 **École italienne.** Le Christ et la Vierge assis
sur des nuées. A la plume, lavé de bistre.

5 **Eisen** (Ch.). Sacrifice à Diane. Charmant dessin
à la plume, lavé et un peu colorié, très-intéressant
pour le costume.

6 **Gillot.** Arabesque. Au milieu, on voit plusieurs
personnages. A la sanguine.

7 **Goya** (attribué à). Caprices. Onze dessins à la
plume, lavés et à la mine de plomb.

8 **Guerchin.** Trois saints, debout. Beau dessin à
la plume, lavé de bistre.

9 **Ommeganck.** Animaux. Quatre croquis au
crayon noir, un peu lavés.

10 **Rembrandt.** Femme nue, assise. A la plume.

10 bis. **Rubens.** Saint Jérôme. A la plume, lavé de
bistre.

10 ter. **Virgilis Solis.** Costumes de femmes, du
temps de Henri IV. Très-joli dessin colorié sur
vélin.

11 **Shall** et **autres.** Quatre dessins.

ESTAMPES DIVERSES

11 bis. Baudouin (d'ap.). Le jardinier galant, par Helmon. Belle épreuve avec grandes marges.

12 — La soirée aux Tuileries. Belle épreuve, avant la lettre.

13 — Le coucher de la mariée, par J.-M. Moreau le jeune.

14 Baudouin, Lavreince, Freudeberg (d'ap). Le carquois épuisé. — L'heureux moment. — Le petit jour. Trois pièces, gravées par De Launay.

15 — La marchande à la toilette. — Le directeur des toilettes. — Rose et Colas, etc. Six pièces.

16 Bella (Étienne Della). Perspective du Pont-Neuf. Belle épreuve.

17 Bellangé. Un roi Mage. — La jardinière. Deux pièces.

18 Bellangé (H.). Sujets militaires. Vingt-neuf pièces.

19 Boucher (d'ap. F.). Les amants endormis, par Beauvarlet. Épreuve avant la lettre.

20 — Sujets gracieux. Cinq pièces.

21 Bosse (Abraham). L'enfant prodigue (G. D., 34). Belle épreuve, avec l'adresse de Le Blond.

22 — L'adolescence (G. D., 1079). Très-belle épreuve, avec l'adresse de Le Blond.

23 — L'hiver (G. D., 1885). Belle épreuve, avec l'adresse de Le Blond.

24 — Les gardes-françaises (G. D., 1332-1340). Suite complète de neuf pièces. Belles épreuves.

25 — Le clystère (G. D., 1392). Belle épreuve, avec l'adresse de Melchior Tavernier.

26 — L'Ariane de M. Desmaretz. Suite de douze estampes. Belles épreuves.

27 — Titres de livres, pour l'histoire de Rosane et pour les noms des chevaliers du Saint-Esprit.

28 **Boulanger** (Louis). Ronde du sabbat. (Lith. de C. Motte). Épreuve sur chine.

29 **Burin** (L.). La maquerelle punie. Dans le fond, on voit l'Hôtel-de-Ville et Notre-Dame.

30 **Callot** (Jacques). Les Bohémiens (M., 667-670). Suite de quatre pièces. Très-belles épreuves du deuxième état.

31 **Chardin** (d'ap.). La bonne éducation. par Le Bas. Belle épreuve.

32 — Le toton, par Lépicié. Très-belle épreuve, avec belles marges.

33 — La gouvernante, par Lépicié. Très-belle épreuve.

34 — Les tours de cartes, par Surugue. Belle épreuve.

35 **Charlet** (par et d'ap.). Sujets militaires. Neuf pièces.

36 **Cochin** (d'ap.). Vignettes pour Rousseau, etc. Dix pièces.

37 — Concours pour le prix de l'étude des têtes et de l'expression, par Flipart.

38 **Coypel** (d'ap. Ch.). L'Amour prêtre, par Lépicié, Belle épreuve.

39 **Daugard** (P.-D.-B.). Chevalier et officier de l'Arc, de la compagnie de M. le marquis d'Orsan. Belle épreuve.

40 **Delaroche** (d'ap. Paul). Scène de la Saint-Barthélémy, par Prudhomme. Belle épreuve.

41 **Dupont** (Henriquel). Portrait de Mme Malibran. Belle épreuve, avant la lettre.

42 **Duvet** (Jean). Un chasseur apportant un présent à un roi. (R. D., 54.) Belle épreuve ; elle est doublée.

43 **Dyck** (Antoine Van). Pierre Breughel (W., 2). Très-belle épreuve, avec l'adresse de G. H.

44 — Portraits, par Vosterman et Pontius. Huit pièces.

45 — Portrait de Nicolas Vander Borcht, par Vermeulen. Belle épreuve.

46 — La famille de Charles Ier, par Massard. Belle épreuve.

47 **Fornazeris**. Allégorie sur la religion. Très-belle épreuve d'une pièce intéressante pour le costume.

48 **Flamen** (Alb.). Oiseaux et poissons. Six pièces.

49 **François**. Sujets de chiens. Trente-six pièces.

50 **Gavarni**. Nuances du sentiment. — Les coulisses. Dix-huit pièces coloriées.

51 **Géricault**. Chevaux de différents pays. Quatorze pièces.

52 — Chevaux de ferme. Les boueux. Le maréchal ferrant, etc. Six pièces.

53 **Goya** (F.). Philippe III, roi d'Espagne, d'ap. Velasquez.

54 — Marguerite d'Autriche, femme de Philippe III, d'ap. Velasquez.

55 — Philippe IV, roi d'Espagne, d'après Velasquez.

56 Gusman (Gaspar de). Comte d'Olivarès, d'après Velasquez. Ce portrait, ainsi que les trois qui précèdent, sont beaux et avec toutes marges.

57 — Caprices, six pièces.

58 **Goya** (d'ap.). Caprices, cinq pièces lithographiées.

59 **Greuze** (J.-B. d'ap.). La mère bien-aimée. L'accordée de village. Le paralytique. Trois pièces, par Flipart et Massard.

60 — Le malheur imprévu, par De Launay. Très-belle épreuve.

61 **Huret** (Grégoire). Le Christ instituant l'Eucharistie. Très-belle épreuve.

62 **Ingres** (d'ap.). Le vœu de Louis XIII, par Calamatta. Belle épreuve avec grandes marges.

63 **Lami** (Eugène). Bataille de Lodi. Entrée dans Milan. (Lith. de C. Motte, r. des Marais.) Deux pièces.

64 **Landseer** (d'ap.). Le prince Albert et la reine Victoria au château de Windsor, gravé par Atkinson.

65 — La reine Victoria et ses enfants, par L. Cousins. Très-belle épreuve.

66 **Lancret** (d'ap.). Mademoiselle Camargo, par L. Cars. Belle épreuve.

67 — Le jeu de pied de bœuf, par de Larmessin. Belle épreuve.

68 — *Dans cette aimable solitude, ces amants, par leur attitude, etc.* Charmante pièce.

69 **Lavreince** (d'ap.). L'assemblée au salon, par Dequevauviller. Belle épreuve d'une pièce recherchée pour les costumes et l'intérieur.

70 — Qu'en dit l'abbé, par de Launay. Très-belle épreuve.

71 — La même estampe. Belle épreuve.

72 **Lawrence** (Sir Thomas, d'ap.). Portrait de lady Elisabeth Leveson Gower, par S. Cousins

73 — Portrait de Master Lambton, par S. Cousins.

74 — Portraits d'enfants (nature), par J. Doo. Belle épreuve avant la lettre, sur papier de Chine.

75 — Portrait de la princesse Charlotte, par Goldiny.

76 — Portraits de femmes, avant la lettre. Trois pièces.

77 — Portraits de femmes et enfants. Neuf pièces.

78 — Portraits de Lafayette et Pie VII. Deux pièces.

79 **Leclerc** (S.). Batailles et tombeau. Quatorze pièces.

80 **Leu** (Th. de). L'intercession pour le soulagement des catholiques défunts. Belle épreuve.

81 **Leyde** (Lucas de). Sujets de sainteté, de fantaisie, histoire, etc. Soixante-quatre pièces.

82 **Mallet** (d'ap.). Sujet gracieux, gravé en couleur par Beljambe.

83 **Marillier** (d'ap.). Vignettes pour La Fontaine. Dix pièces à l'eau-forte et avant la lettre.

84 **Mellan** (Cl.). Sujets de sainteté. Six pièces.

85 **Mercury** (P.). Les moissonneurs, d'après L. Robert. Épreuve sur papier de Chine.

86 — Portrait de Mme de Maintenon, d'après l'émail de Petitot. Très-belle épreuve sur papier de Chine.

87 **Meryon**. Blaise de Vigener présentant à Louis XI le Valère-Maxime. Gravé d'après un dessin du temps qui est dans la collection de M. Niel.

88 **Monaco** (P.). Joseph et Putiphar. Suzanne et les Vieillards. Deux pièces.

89 **Moreau** le jeune (J.-M. d'ap.) Les adieux, par de Launay. Très-belle épreuve avant la lettre.

90 La petite toilette. Le pari gagné, la course des chevaux. Trois pièces. Belles épreuves.

91 — Voltaire couronné à la Comédie Française par Saint-Aubin. Épreuve à l'eau-forte.

92 — La même estampe. Epreuve avec la lettre.

93 — Sujet pour l'histoire de Marie-Thérèse. Jolie pièce avant la lettre.

94 — Sujets pour la Nouvelle Héloïse. Cinq pièces avant et avec la lettre.

95 **Noël** (Léon). Portrait de M. le comte de Nieu-werkerke, directeur général des musées impé-riaux.

96 — Portrait de Mme Ugalde.

97 — Portraits de Frédéric, duc de Bade, et de So-phie sa femme.

98 — Portrait de Thalberg, célèbre musicien.

99 — *Ornements*. Meubles d'après Boucher. Onze pièces.

100 — Intérieurs et décorations, par Blondel et autres. Dix-sept pièces.

101 **Pluvinel**. Onze pièces pour l'ouvrage d'équitation, gravées par C. de Passe.

102 **Poilly** (F.). La Vierge au berceau, d'ap. Raphaël. Belle épreuve.

103 **Porporati**. La mort d'Abel, Adam et Eve, d'ap. Raphaël, par F. Muller. Deux pièces.

104 — Porte principale du baptistère de Florence, par Lorenzo Ghiberti, gravée sous la direction de M. Blanchard. Paris, Weith et Hauser et Aimé André. 11 pl. gr. in-fol et 1 pl. de texte.

105 **Prudhon** (d'ap.). L'Amour séduit l'Innocence, par Roger. Très-belle épreuve avant la lettre sur papier de Chine.

106 — Daphnis et Chloé, par Roger.

107 — Le premier baiser de l'Amour, par Copia.

108 — Aminta, Abrocome et Anzia. Deux pièces par Roger.

109 — Jésus portant sa croix, avant la lettre, sur chine trois pièces, par Roger.

110 — Une pensée. L'Étude guide l'essor du Génie. — Les petits fileurs. — Les petits dévieurs. Quatre pièces, par Aubry-Lecomte, dont une signée.

111 **Raffet**. Sujets militaires. Dix-sept pièces.

112 **Raphaël** (d'ap.). La Vierge au donataire, de Foligno, par Schenker. Belle épreuve.

113 **Rembrandt** (P.). Joseph devant sa famille. — Abraham renvoyant Agar. — Mendiants à la porte d'une maison. — Abraham France. — Études de trois têtes de femmes. Cinq pièces.

114 — Portrait du docteur Faustus. Anc. épreuve.

115 **Rubens** (d'ap.). La galerie du palais du Luxembourg, peinte par Rubens, dessinée par Nattier et gravée par les plus illustres graveurs du temps. 24 pl. in-fol. Ancien exemplaire avant les numéros.

116 — Henri IV délibère sur son futur mariage. — Le roy partant pour la guerre d'Allemagne. Deux pièces gravées par Nattier. Épreuve avant les numéros.

117 — Portraits d'après l'antique. Six pièces gravées par Pontiers, Vosterman, Rolewert et Withouc.

118 — La femme de Rubens et son fils. — Le marché de gibier. Deux pièces gravées par Earlom.

119 — Le chapeau de paille, par Reynolds.

120 **Rugendas** (Maurice). Forêt du Brésil. Publié par Rittner, etc.

121 **Sadeler** (R.). Différents sujets. Neuf pièces.

122 **Scharp** (W.). La prise de Gibraltar, d'ap. Trumbul. Belle épreuve avec la lettre tracée.

123 **Scheffer** (d'ap. Ary). Mignon et son père, par François. Belle épreuve.

124 **Soulange-Teissier**. Le denier de Saint-Pierre. Épreuve avant la lettre, sur chine.

125 **Strange** (R.). Les enfants de Charles Ier, d'ap. Van-Dyck. Très-belle épr. avec grandes marges.

126 **Teniers** (d'ap. D.). L'Enfant prodigue. — Le chimiste. Deux pièces, par Le Bas.

127 **Vianen**. Les batailles d'Alexandre, d'ap. C. Le Brun. Trois pièces faisant suite aux six gravées par Audran.

128 **Watteau** (d'ap. Ant.). L'occupation selon l'âge, par Dupuis Belle épreuve.

129 — Louis XIV mettant le cordon bleu à Monseigneur de Bourgogne, d'ap. Watteau, in-fol. obl. Belle épreuve.

130 — Le bosquet de Bacchus, par C.-N. Cochin. Belle épreuve.

131 — La danse paysanne, par B. Audran. Belle épr.

132 — Antoine de La Roque, par Lepicié. Belle épr.

133 — L'aventurière. — La danse au son de la musette. — Costume de femme. Trois pièces.

134 **Wiérix** (Jérôme). Sujets de sainteté. Trois charmantes petites pièces. Belles épreuves.

135 **Ecole allemande.** Quatorze pièces, d'ap. Alb. Durer, Overbeck et autres.

136 **Ecole flamande.** Vingt-trois pièces, d'ap. Rubens, Jordaens, Téniers et autres.

137 **Ecole française.** Trente-huit pièces, d'après Watteau, Lancret, Baudouin et autres.

138 — Vingt-huit pièces, d'ap. Le Poussin et autres.

139 — Quarante pièces, d'ap. David, Girodet, Ducis, Guérin et autres.

140 **Ecole hollandaise.** Quarante-cinq pièces, d'après Rembrandt, Ostade, G. Dow et autres.

141 **Ecole italienne.** Quarante-huit pièces, d'après Raphaël, Dominiquin, Paul Véronèse et autres

142 **Vignettes anglaises.** Lot de trois cent quatre-vingt-huit pièces, la plupart avant la lettre, sera divisé.

143 — Quatre-vingt-sept pièces, par Grenier, Dévéria. Chapuy et autres.

144 — Soixante-douze pièces, d'après des peintures étrusques.

145 — Soixante-dix pièces, d'après des antiquités grecques, romaines.

146 Numismatique. Lot de quarante-cinq pièces, gravées d'ap. des médailles italiennes.

PORTRAITS

CLASSÉS PAR GRAVEURS

147 Alberti (Chérubin). Henri IV, roi de France. Très-belle épreuve.

148 Beatrizet (Nicolas). Henri II, roi de France. Très-belle épreuve du 2ᵉ état, avec la tête du personnage vue de face.

149 Cochin (d'ap). Portraits de J. Roettiers. — Ch. Roettiers. — L'abbé Pommyer. — Ph. de Thubières de Caylus. — Guil. Coustou. — Léonard Le Roux. — A. Roslin. — Chᵉ-Pierre Coustou. Huit pièces.

150 — Portraits de Dumont.—Godefroy de Villaneuse. — Sacchini. — J.-P. Hoüel. — A.-L. Piot. — C. Lochon. — Gosseaume. — Prault. — Roze. Dix pièces.

151 — Beaumarchais et Boucher. Deux pièces, par L. Cars et A. de Saint-Aubin.

152 — Fortunée-Marie d'Est, princesse de Conti, par A. de Saint-Aubin.

153 Drevet (Pierre). Louis XIV en manteau royal, d'ap. Rigaud. Belle ép.

154 — Bourbon (Louis-Alexandre de), comte de Toulouse, d'ap. Rigaud. Très-belle ép. avec marge.

155 — Boileau Despréaux (Nicolas), d'ap. Rigaud. Belle ép.

156 — Courcillon (Philippe de), marquis de Dangeau, d'ap. Rigaud. Très-belle ép. avant la lettre. Rare.

157 — Dodun (Charles-Gaspard), conseiller général des Finances, d'ap. Rigaud. Très-belle ép.

158 — Dubois (Guillaume), cardinal, d'ap. Rigaud. Belle ép.

159 — Fleury (André-Hercules, cardinal de), d'ap. Rigaud. Très-belle ép.

160 — Tressan (Monseigneur de), archevêque de Rouen. Pièce dite le Grand Bréviaire.

161 — Louis XV, jeune, d'ap. Rigaud. Très-belle ép.

162 — Orléans (Louis, duc d'), fils du Régent. Belle épreuve.

163 — Keller (Jean-Balthazar), commissaire des guerres, d'ap. Largillière. Belle ép.

164 — Girardon (François), célèbre sculpteur, d'ap. Vivien.

165 — Guldenleu (Christian de), d'ap. Rigaud. Belle ép.

166 — Lambert (Helène), d'ap. Rigaud. Belle ép.

167 Edelinck (Gérard). Arnauld (Antoine, célèbre savant. (R. D. 140.) Belle ép.

168 — Cousin (Jean), peintre français. (R. D. 174.) Belle ép.

169 — Desjardins (Martin Vanden Bogaert, connu sous le nom de), célèbre sculpteur, d'ap. Rigaud. (R. D. 182.) Belle ép.

170 — Louis XIV. (R. D. 248.) Très-belle ép. du premier état, avant la lettre. (Il y a sept états de cette planche.)

171 — Louis XIV, d'ap. Jean de la Haye. (R. D. 256) Très-belle ép. du deuxième état.

172 — Mansart (Jules-Hardouin), surintendant des bâtiments du roi. (R. D. 267.) Très-belle ép. du deuxième état.

173 — Philippe V, roi d'Espagne. (R. D. 295.) Très-belle ép. du premier état.

174 — Titien (Vecellio, dit le), peintre illustre. (R. D. 327.) Belle ép.

175 — Toulouse (Louis-Alexandre de Bourbon, comte de), amiral de France, d'ap. Gobert. (R. D. 329.) Très-belle ép.

176 **Ficquet** (Etienne). Portrait de La Fontaine, gravé pour une édition des Contes. Très-belle ép.

177 **Gautier** (Léonard). Portrait de Henri, duc de Montpensier.

178 **Goltzius** (Henri). Henri IV. Très-belle ép. avec l'adresse de Harman Adolfs excudit Haerlemensis.

179 — Henri IV couvert d'un chapeau orné d'une plume. Belle ép. avec la copie dans le même sens.

180 **Halbeeck** (J.). Henri IV en cuirasse, à cheval. Très-belle ép.

181 **Hondius** (Henri). Henri IV, roi de France. Sup. ép.

182 **Leu** (Thomas de). Lorraine (Charles de), duc de Mayenne. Très-belle ép.

183 — Capel (Ange), secrétaire de la chambre du roi, d'ap. Fournier. Très-belle ép.

184 — Henri IV. Belle ép. Elle est rognée autour de l'ovale.

185 — Valois (Marguerite de), reine de Navarre. Ép. rognée autour de l'ovale.

186 — Montpensier (Henri de), pair de France. Belle ép. Elle est rognée tout autour de l'ovale.

187 **Masson** (Antoine). Dupuis (Pierre), peintre de Fleurs (R. D. 25.). d'ap. Mignard. Belle ép.

188 **Morin** (Jean). Anne d'Autriche, d'ap. Ph. de Champaigne. (R. D. 40.) Belle ép.

189 — Anne d'Autriche en deuil. (R. D. 41.) Belle ép. avec marges.

190 — Franck (Jérôme), peintre. (R. D. 52.) Très-belle ép. avec marge.

191 — Henri IV, roi de France, d'ap. Ferdinand. (R. D. 60.) Très-belle ép.

192 — Louis XI, roi de France. (R. D. 63.) Très-belle épreuve.

193 — Louis XIII, roi de France. (R. D. 64.) Très-belle ép.

194 **Muller** (Jean). Swelingus (Jean-Pierre), célèbre musicien-organiste d'Amsterdam. Sup. ép. avant la lettre et avant beaucoup de travaux.

195 — Le même personnage. Très-belle ép., avec la lettre entièrement terminée. (Collection de Frics et Werstolck de Soelen.)

196 **Nanteuil** (Robert). Les quatre évangélistes, d'après E. Le Sueur (R. D. 4). Belle épreuve du troisième état.

197 — Biondeau (François), président de la Chambre des Comptes (R. D. 40). Très-belle épreuve.

198 — Bouillon (Frédéric-Maurice de La Tour d'Auvergne, duc de). (R. D. 48). Ancienne épreuve.

199 — Castelnau (Jacques, marquis de), maréchal de France (R. D. 58). Très-belle épreuve avec grandes marges.

200 — Chapelain (Jean), membre de l'Académie française (R. D. 60). Belle épreuve du premier état.

201 — Charles II, de Gonzague, duc de Mantoue (R. D. 62). Très-belle épreuve.

202 — Charles V de Lorraine (R. D. 63). Ancienne épreuve.

203 — Clermont-Tonnerre (François de), évêque de Noyon (R. D. 68). Belle épreuve du troisième état.

204 — Dupuy (Pierre), Conseiller d'État (R. D. 88). Deux anciennes épreuves.

205 — Dupuy (les deux frères Pierre et Jacques), sur la même planche (R. D. 89). Ancienne épreuve.

206 — Hesselin (Louis), Conseiller d'État (R. D. 109). Belle épreuve du deuxième état.

207 Le Tellier (Michel). Ministre d'État (R. D. 131). Très-belle épreuve.

208 — Le même personnage (R. D. 132). Belle épreuve.

209 — Le même personnage (R. D. 133). Belle épreuve.

210 Le même personnage (R. D. 134). Belle épreuve du premier état.

211 Le Vayer (François de La Mothe), Conseiller d'État
(R. D. 143). Très-belle épreuve.

212 — Lionne (Jules-Paul), abbé de Marmoutier et
prieur de Saint-Martin-des-Champs (R. D. 147).
Très-belle épreuve du premier état.

213 Longueville (Henri d'Orléans, onzième du nom,
duc de). (R. D. 149). Ancienne épreuve.

214 Louis XIV (R. D. 153). Très-belle épreuve du
deuxième état.

215 Louis XIV (R. D. 157). Épreuve du troisième état
mal conservée.

216 — Marie-Jeanne-Baptiste de Savoie-Nemours, duchesse de Savoie (R. D. 169). Ancienne épreuve
du deuxième état.

217 — Mazarin (Jules), cardinal (R. D. 186). Belle
épreuve du deuxième état.

218 — Molé (Mathieu), Garde des Sceaux (R. D. 194).
Ancienne épreuve.

219 — Mesmes (Jean-Antoine de), président à Mortier,
au Parlement de Paris (R. D. 192). Belle épreuve
du deuxième état.

220 — Nemours (Henri de Savoie, duc de). (R.
D. 198). Belle épreuve du deuxième état.

221 — Neufville (Ferdinand de), évêque de Chartres
(R. D. 203). Belle épreuve du troisième état.

222 — Péréfixe de Beaumont (Hardouin de), archevêque de Paris (R. D. 211). Très-belle épreuve du
deuxième état.

223 — Saint-Paul (Charles-Paris d'Orléans-Longue-
ville, comte de). (R. D. 219). Ancienne épreuve
avec marge.

224 — Sarrazin (Jean-François), homme de lettres (R. D. 220). Belle épreuve.

225 — Servien (François), évêque de Bayeux (R. D. 225). Belle épreuve.

226 **Poilly** (Nicolas). Portrait de Louis XIV, d'après Mignard. Très-belle épreuve avant les noms d'auteurs, avant les armes et beaucoup de travaux autour et sur la couronne, avec les deux trompettes qui sont au haut de l'estampe, et les banderoles tracées et avec la console de support toute blanche. Très-rare.

227 — Portrait de Louis XIV, d'après Mignard. Belle épreuve, gr. in-fol. obl.

228 **Sadeler** (Égide). Portraits de Gaspard Kaplero, Freherus, Franciscus Mis. Trois pièces. Belles épreuves.

229 **Savart** (Mlle M. R.). Louis XVI, roi de France. Très-belle épreuve avec grandes marges.

230 **Schuppen** (Pierre Van). Portrait de Louis XIV, d'après Mignard, dans un médaillon soutenu par deux Génies et des trophées d'armes. Gr. in-fol. obl. Très-belle épreuve.

231 — Louis XIV, d'après Vaillant. Belle épreuve avec grandes marges.

232 — Mazarin (Jules), cardinal. Portrait dans un médaillon, entouré de ronds, dans lesquels sont différentes devises. Gr. in-fol. obl. Très - belle épreuve.

233 — Alexandre IX, Souverain Pontife, d'après Mignard. Très-belle épreuve avec marge.

234 **Vischer** (Corneille). Sieuri (Helena Leonora de), d'après van Dyck. Superbe épreuve avec l'adresse de *Eduwaert du Booys excudit* (collections du comte de Fries et Verstolck de Soelen).

235 **Wierix** (Jérôme). Balzac (Henriette de), duchesse de Verneuil, maîtresse de Henri IV. Superbe épreuve du deuxième état, avec l'adresse de *Paules de la Houue excudebat au pallaes a Parys*. Très-rare.

236 **Wierix** (Jean). Catherine de Médicis, reine de France. Belle épreuve d'un portrait rare.

237 — Jeanne d'Albret, reine de Navarre. Belle épreuve. Rare.

238 — Marie de Médicis, reine de France. Rare. Très-belle épreuve.

239 — Le même portrait, comme le précédent.

240 — Otho (Frédéric). Très-belle épreuve, signée au verso : *P. Mariette. 1674.*

241 — Oey. Très-belle épreuve d'un joli portrait.

242 — Buste de Virgile. Belle épreuve. Rare.

243 **Wierix** (Antoine). Henri III, roi de France. In-8. Superbe épreuve. Rare.

244 — Henri IV. Très-belle épreuve. Rare.

245 — Henri IV. Belle épreuve. Rare.

246 — Marie de Médicis, reine de France. Très-belle épreuve d'un charmant portrait. Rare.

247 — Bosquet (N.), poëte. Belle épreuve, signée au verso : *P. Mariette. 1662.*

248 **Wierix** (goût de). Henri IV dans un ovale. In-8. Très-belle épreuve, signée au verso : *P. Mariette, 1668.*

249 **Wille** (Jean-Georges). Louis XV, d'après J.-B. Le Moyne. Belle épreuve.

250 — Maurice de Saxe, Maréchal de France, d'après Rigaud. Belle épreuve.

251 — Frédéric II, roi de Prusse, d'après Pesne. Très-belle épreuve avec grandes marges.

PORTRAITS

CLASSÉS PAR ORDRE ALPHABÉTIQUE

252 Assemblée nationale : Portraits des membres, gravés par Claessens et autres. 41 pièces avant la lettre.

253 Les mêmes portraits. 37 pièces avec la lettre.

254 Albe (Don Fernand Alvarez de Tolède, duc d'), par Van Sichem, in-fol. Belle épreuve.

255 Arétin (Pierre), célèbre poëte, par Hollar, in-4. Belle épreuve.

256 Arnaud (la mère), d'après Ph. de Champaigne, par Boulangé, in-fol.

257 Autriche (Marguerite d'), par Liefrinck, in-fol. en pied. Belle épreuve.

258 Anne d'Autriche, en deuil, d'apr. Nocret, par M. Lasne, in-fol. Belle épreuve.

259 Banderon, docteur en médecine, par Fornazeris, in-4. Belle épreuve.

260 Belarminus (le cardinal), saint Ignace de Loyola. Deux portraits par Bolswert.

261 Bernadotte et sa femme, par Choubard; Charles-Jean, prince royal de Suède, par Ruotte. 2 pièces.

262 Bertin (Pierre-Vincent), trésorier des parties ca-
suelles, d'apr. Largillière, par Vermeulen, in-fol.

263 Beurnonville, Macdonald, Pichegru. Trois portraits, grand in-fol., en pied.

264 Blois (Jeanne de), par J. de Bye, in-fol.

265 Bonneville. Collection de soixante-huit portraits
des membres de l'Assemblée constituante.

266 Boullogne (Louis de), Cotte (Robert de), Coustou
(Guillaume), etc. Cinq portraits, par Chereau, de
Larmessin, Trouvain et autres.

267 Boullogne (Louis de); Masson, graveur; Charles
Poerson et Simon Vouet. Quatre portraits, par
Surugue, Le Roy, Desrochers et F. Perrier.

268 Boucher (François), peintre, d'après Roslin, par
Carmona, in-fol. Belle épreuve avec marges.

269 Boucher (François), peintre, gravé à l'eau-forte,
par le maître, in-4.

270 Bourbon (Louis de), premier du nom, prince de
Condé, tué à Jarnac, en 1559; petit portrait dans
un médaillon. Superbe épreuve. Très-rare.

271 Bourbon de Conti (Armand de), abbé, par Mellan,
in-fol.

272 Bourgogne (Louis, duc de), à cheval en armure,
par Le Ponter, in-fol. Rare.

273 Brune et Pichegru. Deux portraits gravés par
Allart et Hodges. Épreuves avant la lettre.

274 Les mêmes portraits. Épreuves avec la lettre.

275 Bruyner (Abel), médecin de Gaston d'Orléans,
par M. Lasne, in-4. Très-belle épreuve avant la
lettre.

276 Castagnier (François), receveur général des finances, d'après Rigaud, par Gaillard, in-fol. Belle épreuve.

277 Calvin (Jean), célèbre réformateur, en pied, dans sa bibliothèque, par L. Visscher, in-fol.

278 Le même personnage, par C. N. Duyfend, in-fol. Belle épreuve.

279 Le même personnage, par *Hugo, Allardt exc.,* in-fol.

280 Calvin, Théodore de Bèze, Pierre Martyr, Théodore Tronchinus, etc. Dix huit portraits.

281 Charlotte Corday, gravé en couleur, par Alix, in-fol. Epreuve très-fraîche et belle.

282 Capperonnier (Claude), professeur de langue grecque, d'après Aved, par Lépicié, in-fol. Belle épreuve.

283 Chevreuse (Monseigneur le duc de), par Saint-Aubin, d'après Carmontelle, in-4.

284 Choiseul (Etienne-François, duc de), d'ap. Vanloo, Marguerite de Valois, comtesse de Caylus, par Daullé. Deux portraits, in-fol.

285 Clarke (Henri-Jacques-Guillaume), duc de Feltre, d'après Fabre, par Massard, gr. in-fol. Très-belle épreuve avant la lettre.
Le même portrait avec la lettre.

286 Colomb (Christophe), Americo Vespucci. Deux portraits, par C. Lasinio.

287 Corneille, Racine, Diderot, Du Puy, J.-J. Rousseau, Voltaire. Neuf portraits. —

288 Corneille et Molière. 2 pièces gravées par Taurel.

289 Desmares (Charlotte), Catherine de Sienne. Deux portraits gravés par Lepicié.

290 De Troy (Jean), peintre, d'après F. De Troy, par Vallée, in-fol. Belle épreuve.

291 Diderot, d'après Vanloo, par Henriquez, in-fol.

292 Duchesnois (Mlle), par Aubert; Mlle Raucourt, par Ruotte; Fleury, acteur du Théâtre - Français. 3 pièces.

293 Elzevier (Pierre et André-Jean). Deux portraits, par Houbraken, in-fol.

294 Eon de Beaumont (César-André-Thimotée, chevalière d'), par Le Beau, in-4.

295 Este (Isabelle d'), Françoise de Gonzague, d'après Titien. *P.-P. Rubens exc.* Très-belle épr , in-fol.

296 Ferdinand, évêque de Paderborn, baron de Furstenberg, par Bloteliny; in-fol. Très-belle épreuve.

297 Fleury (André-Hercule, cardinal de), d'après Rigaud, par Chereau, in-fol. Belle épreuve avec marges.

298 France (rois et reines de). Quarante-deux portraits.

299 France. Gaston d'Orléans, Antoine de Bourbon. Deux pièces, d'après Van Dyck.

300 Gaucher. Portrait de La Fontaine, gravé dans un petit médaillon, avec la copie, par Dupréel.

301 Goffin (le chevalier Hubert et son fils) dans la houillère Beaujonc, par Jehotte.

302 Henri IV, roi de Navarre, duc de Vendôme, comte de Béarn. Petit portrait en médaillon. Belle épreuve. Très-rare.

303 Henri IV. *J. De Gheyn f.* Très-belle épreuve. Rare.

304 Henri IV. *De Custodis excud.* Superbe épreuve.

305 Hoche, Moreau, Brune, du Monceau, prince Mazarini-Mancini. Huit portraits.

306 Hotman (Vincent), conseiller d'État, par Lenfant, gr. in-fol. Belle épreuve.

307 Howard (Thomas), comte d'Arundel, par Vosterman. Ancienne épreuve.

308 De Largillière, par Chereau; Colin de Vermont, par Carmona. Deux portraits de peintres.

309 La Rochefoucauld-Liancourt (de), introducteur de la vaccine en France; Edward Jenner, premier observateur de la vaccine en France. Deux portraits gravés par Monsaldi.

310 Latude (Henri Masers de), détenu pendant trente-cinq ans dans diverses prisons d'État, par Vestier, in-fol.

311 La Vallière (Louise de La Beaume Le Blanc, duchesse de), par Gole, in-fol. Belle épreuve.

312 Law (Jean), contrôleur général, fameux par son système, par Langlois, in-fol.

313 Le Boutillier de Rancé, Marguerite de Lorraine, cardinal Fleury, frère Gérard, etc. Huit portraits de religieux.

314 Louis XIII dans un médaillon. Au-dessous la perspective de La Rochelle comme elle se voit du fort de Bonnegraine. *Balthasar Montcornet excu.* Rare, in-fol.

315 Louis XIII enfant, à cheval, in-4°.

316 Louis XIII, Louis XIV, Louis XV. Six portraits par Houbraken.

317 Louis XIV et Marie-Thérèse, par M. Vischer. in-fol. Deux pièces. Belles épreuves.

318 Louis XIV, enfant, par Juste d'Egmont, par J.-V. Meurs, in-fol

319 Louis XIV en guerrier romain, par P. Simon, in-fol. Belle épreuve.

320 Louis XIV dans un médaillon soutenu par Minerve, in-fol., par Thomassin.

321 Louis XIV, par Bonnart et B. Picart. Deux portraits.

322 Louis XIV, par P. Gunst, in-fol. Belle épreuve.

323 Portraits de Louis XIV. Huit médaillons sur une seule feuille.

324 Louis, dauphin de France, par P. Gunst, gr. in-fol. Belle épreuve.

325 Louis XV jeune, d'après Rigaud, par de Larmessin, in-fol. Belle épreuve.

326 Louis XV, d'après Vanloo, in-fol., par Petit. Belle épreuve.

327 Louis XV à cheval, d'après Lesueur, par Aubert, in-fol. Belle épreuve.

328 Louis XV et Marie Leczinska, d'après Vanloo, par de Larmessin. Anciennes épreuves.

329 Louis XVI, par Coutellier, in-fol. Deux épreuves.

330 Louis XVI et Marie-Antoinette, d'après Boze, in-fol. Deux pièces faisant pendant. Belles épreuves avec toutes marges.

331 Louis XVI et Marie-Antoinette, par Boizot, in-4o. Deux pièces faisant pendant.

332 Louis XVI avec un bonnet rouge et la cocarde, tenant une bouteille. Au bas du portrait est écrit la phrase suivante : Nouveau pacte de Louis XVI avec le peuple, le 20 juin 1792, l'an 4e de la liberté. Portrait très-curieux et rare, imprimé en couleur.

333 Louis XVI avec le bonnet des Jacobins. Très-rare. Le bonnet imprimé en couleur.

334 Louis XVI dans sa prison faisant son testament, pièce gravée en Angleterre, in-fol. Rare.

335 Louis XVI, Marie-Antoinette, le Dauphin et Madame Élisabeth. Cinq portraits.

336 Louis XVI, par Pfeiffer et autres. Cinq portraits.

337 Louis XVI (famille de). Onze portraits.

338 Louis XVII, par Citalis et Gabrielli; Madame Élisabeth, par Claessens. Trois portraits.

339 Louis XVII (le prétendu), lithographié par de Focq. Épreuves avant et après la lettre.

340 Louis XVIII (famille de). Sept portraits.

341 Loizon (Mlle) en Vénus, d'après De Troy, par Vallée, in-fol. Belle épreuve.

342 Longueval (Charles de), comte de Buquoy, d'après Rubens, par Vosterman, gr. in-fol.

343 Loyola (saint Ignace de), Innocent IX et Clément XIII, papes; Fabius Ghisi, cardinal. Quatre portraits.

344 Malborough (Jean, baron de Churchill, duc et comte de), d'après Vander Werf, par Gunst, gr. in-fol. Très-belle épreuve.

345 Mancini (Hortense), duchesse de Mazarin, d'après P. Lely, par Valk, in-fol. Très-belle épreuve. Rare.

346 Marat. Deux portraits, par Augrand et F. Girard.

347 Marie-Thérèse, reine de France, par L. Visscher, d'après Vanloo, in-fol. Très-belle épreuve.

348 Marie-Thérèse, reine de France, par Pitau, in-fol. Belle épreuve.

349 Marie-Thérèse, reine de France, par de Larmessin, in-fol. Belle épreuve.

350 Marie-Antoinette, par Hubert, in-8°. Belle épreuve.

351 Marie-Louise. Trois portraits par Audouin, Bertrand et Benoist.

352 Mayeur (Pierre), abbé de Clairveaux, d'après Loir, par De Larmesssin. In-fol. Belle epreuve.

353 Meaupeou, Le Gendre, Benjamin Priolus. Trois portraits par Petit, Drevet et Pitou.

354 Médicis (Marie de), gravé dans le goût de Th. de Leu. In-8.

355 Michel-Ange, par J.-L. Potrelle. Belle épreuve avec toutes marges.

356 Moreri, Olier, Christophe de Beaumont et autres. Sept portraits.

357 Montespan (Diane-Françoise de Rochechouart, marquise de), par Gole. In-fol. Belle épreuve.

358 Murat (Joachim), roi des Deux-Siciles, d'après Wicar.

359 Napoléon et le général Berthier, d'après Boze, par Cardon. Grand in-fol.

360 Bonaparte, premier consul, d'après Apiani, gravé en couleur par Moret. In-fol.

361 Napoléon (Portraits de), par Aubert, Maile, Audouin, Jehotte, et autres. Neuf pièces avant et avec la lettre.

362 Napoléon et Marie-Louise. Portraits par Morghen, Aubert, Ribaud et Ruotte. Quatre pièces.

363 Napoléon (Famille de). Vingt-deux portraits.

364 Necker (M.), gravé en couleur, par Sergent. In-4. Très-belle épreuve.

365 Noailles (Anne-Jules, duc de), pair et maréchal de France, par Montbard. In-fol.

366 Orléans (Philippe de France, duc d'), par N. Visscher. In-fol. Belle épreuve.

367 Orléans (Louis, duc d'), fils du Régent, par B. Picart. In-fol. oblong.

368 Papes (Portraits de). Vingt-neuf pièces.

369 Paoli (Pascal), par Houbraken. In-fol. Belle épreuve avec toutes marges.

370 Philippe III, roi d'Espagne, à cheval, par Grenet. Grand in-fol.

371 Philippe V, roi d'Espagne, par Pitou. In-fol. Belle épreuve.

372 Philippe V, roi d'Espagne, d'après Vivien, par Vermeulen. In-fol. Belle épreuve.

373 Philippe d'Orléans, Necker, Romagne, Custine et le général Dumouriez. Cinq portraits.

374 Pompadour (Mme de), en belle Jardinière, d'après Vanloo, par Anselin.

375 Pompadour (Mme de), d'après Boucher, par J. Watson. In-4. Très-belle épreuve avant la lettre.

376 Potier (Joachim-François-Bernard), duc de Gesvre, d'après Vanloo, par Petit. In-fol. Belle épreuve avec grandes marges.

377 Rabelais (François). Deux portraits par Tanjé.

378 Raguse (Marmont, duc de); Reggio (Oudinot, duc
de). Deux pièces par Forster. Le duc d'Orléans,
par Chollet, d'après A. Scheffer. Trois pièces.

379 Raphaël Sanzio d'Urbin, par Pontius. In-fol. Belle
épreuve avec l'adresse de Jo. Mëyssens.

380 Ravaillac (François), assassin de Henri IV, en pied,
tenant un couteau. En haut, à droite, sont les portraits de Henri IV, Marie de Médicis et Louis XIII;
dans le fond se voit l'assassinat de Henri IV et les
scènes de supplices de Ravaillac.

381 Richelieu (Jacques-Armand-Duplessis, cardinal
de), par M. Lasne.

382 Le même personnage par le même graveur. Belle
épreuve.

383 Richelieu et Mazarin, par B. Picart. Deux portraits.

384 Richelieu et Mazarin. Deux portraits gravés par
Kaiser et Garnier, d'après Nanteuil.

385 Rohan (Armand-Jules, prince de), archevêque de
Rheims, d'après Rigaud, par Petit. In-fol. Belle
épreuve.

386 Rousseau (Jean-Jacques), gravé en couleur par
Alix. Deux épreuves.

387 Rousseau. Les dernières paroles de J.-J. Rousseau;
Arrivée de J.-J. Rousseau aux Champs-Élysées;
Tombeau de J.-J. Rousseau à Ermenonville. Trois
pièces, d'après J.-M. Moreau le jeune.

388 Saint-Simon (Claude de), évêque de Metz, d'après
Rigaud, par Daullé. In-fol. Belle épreuve.

389 Savoie (Eugène-François, prince de), par G.
Walk. In-fol. Deux épreuves.

390 Savoie (Victor-Amédée), par Chevalier; Charles II et Charles III, rois d'Espagne; prince Eugène. Cinq pièces.

391 Saxe (le maréchal de). Son mausolée érigé dans le temple de Saint-Thomas, à Strasbourg, en 1776. In-fol.

392 Séguier (Pierre), chancelier de France, par M. Lasne. In-fol. Belle épreuve.

393 Séguier (Pierre), par Mellan. Ancienne épreuve.

394 Stael Holstein (Madame de), d'après Gérard, par Laugier. In-fol. Belle épreuve.

395 Talleyrand-Périgord (Charles-Maurice de), d'après Gérard, par Desnoyers. Belle épreuve.

396 Tassis (Marie-Louise de), d'après Van Dyck, par Vermeulen. In-fol. Très-belle épreuve.

397 Toulouse (le comte de). Louis Dauphin de France. Le duc d'Orléans. Trois portraits.

398 Trémoille (Henri Charles de la), prince de Tarente, par Philippe. In-fol. Belle épreuve avec grandes marges.

399 Turzi (Henri, comte de), par J. Delft, d'après Mireveld. In-fol. Très-belle épreuve.

400 Vernet (Joseph), d'après Cochin, par Nicolet. In-4. Belle épreuve.

401 Villars (Louis-Hector de), maréchal de France, par de Rochefort. In-fol.

402 Voisin (la), célèbre empoisonneuse.
Je fus du genre humain la mortelle ennemie, Par l'horreur de mes jours, on vit régner la mort : Et mon crime partout portant son infamie, Fit la guerre aux mortels et termina mon sort. Très-rare.

403 Voltaire, par Henriquez, Le Beau, Cathelin, Petit et Corbett. Cinq portraits.

404 Voltaire, par Henriquez. Esquisse d'après nature. Dessiné à Ferney, par M. B..., 1765 ; dessiné le jour de son couronnement. Quatre portraits.

405 Voltaire. Couronnement de Voltaire sur le Théâtre Français, d'après Moreau le jeune, par Gaucher. In-fol. obl. Belle épreuve avec belles marges.

406 Voltaire couronné à la Comédie Française par Madame Favart, par Dupin, d'après Desrais. In-fol. Belle épreuve.

407 Portrait de magistrat. In-fol. Très-belle épreuve avant la lettre, avec grandes marges.

PIÈCES HISTORIQUES

408 Massacre de la Saint-Barthélemy, à Paris, en 1572, par Jean Luiken. Belle épreuve. Rare.

409 Henri IV prononçant l'édit de Nantes. Louis XIV révoquant l'édit de Nantes. Deux pièces gravées par Jean Luiken.

410 Assassinat de Henri IV. Dans le fond on voit les différentes scènes du supplice de Ravaillac. In-fol. obl. Rare.

411 Assassinat de Henri IV par Ravaillac, gravé par Luiken. Épreuve avant la lettre.

413 La même estampe. Épreuve avec la lettre.

414 Scène de comédie, représentant le seigneur Pantalon, Zani et doña Lucia. Pièce gravée sur bois, du XVIᵉ siècle. Rare.

415 Caricature sur l'intérieur de ménage du temps de
Henri IV. Pièce gravée sur bois. Très-curieuse.

416 Exemples des vertus chrétiennes. Huit sujets sur
une même feuille. Dédié à Jean Balesdens, avocat
au parlement. Pièce très-curieuse et rare.

417 Assassinat de Henri IV et supplice de Ravaillac.
Deux pièces curieuses.

418 Pièces historiques relatives aux violences exercées
sur le protestantisme, règnes de Louis XIII et
Louis XIV. Sept pièces avant la lettre, gravées par
Jean Luicken.

419 La même suite. Onze pièces, avec la lettre.

420 Louis XIV révoquant l'édit de Nantes, par Jean
Luicken.

421 La Franche-Comté conquise pour la seconde fois,
etc. Trois pièces historiques sur le règne de
Louis XIV.

422 Siége de la Rochelle, par Ét. Della Bella. Deux
pièces. Belles épreuves.

423 Cérémonie du mariage de Louis XIV, roi de France,
avec Marie-Thérèse d'Espagne, par Jeaurat. In-fol.
oblong.

424 Cérémonie de la prestation de serment de fidélité
entre les mains du roi, dans la chapelle de Ver-
sailles, le 18 décembre 1695, par S. Leclerc. In-fol.
obl.

425 Pompe funèbre de Marie-Thérèse d'Espagne, dau-
phine de France, en l'église Notre-Dame, le 24 no-
vembre 1746, par Cochin. In-fol. oblong.

426 Pompe funèbre pour le chancelier Séguier, d'après
C. Le Brun, par S. Leclerc. In-fol. Belle épreuve.

427 Hôtel de Soissons, établi pour le commerce du papier, en 1720. Belle épreuve avant la dédicace.

428 Serment fait, le 21 germinal an IV, par 1,500 républicains. Gravé par Wicar.

429 Vues de la place des Victoires et du Palais du Luxembourg. Deux pièces, par Aveline.

430 Vues des châteaux de Saint-Cloud et Fontainebleau. Deux pièces, par Aveline.

431 Portraits allemands, gravés par Bause, dont Leibnitz, Salomon Gesner, Lessing.

432 Portraits autrichiens, russes et allemands. Vingt-six pièces.

433 Portraits du roi de Rome, par Desnoyers, Châtillon, Benoist. Quatre pièces.

434 Recueil de coeffures depuis 1589 jusqu'en 1778, avec des vers analogues à chaque costume ; collection fort désirée des dames et la plus complète qui ait encore paru en ce genre, suivi du Secrétaire à la mode à l'usage du beau sexe. A Paris, chez *Desnos*, ingénieur, géographe et libraire de Sa Majesté Danoise, rue St-Jacques, au Globe. Avec privilége du Roi. 1 vol. in-16, contenant 48 pl. coloriées, ancienne reliure en mar. rouge. Très-rare.

435 Sous ce numéro, les articles omis.

RENOU et MAULDE, imprimeurs de la Compagnie des Commissaires-Priseurs, rue de Rivoli, 144.   12260

un lot de   2   \
d° ————   6   \
d° ————   10 — n° 4 \
d° ————   16 —   8   \
                 3 —   9   \
                26 — f. a. b.r
                11 —   Essen \

_______________ pour Mr. Braschi _______________

1 Lot sur Venise   f. 50
1 Lot divers   R.
1   2.

www.ingramcontent.com/pod-product-compliance
Lightning Source LLC
LaVergne TN
LVHW020103070726
842525LV00018B/1667